TOPP style

Hairstyles

Step by Step zur Traumfrisur

INHALT

BFF = ohne beste Freundin geht hier nichts

MIN 5 = die 5-Minuten-Frisur, blitzschnell erledigt

SOLO = kannst du alleine

ALLTAGSSCHOPF &
EDELZOPF

Bist du nicht auch schon öfters vor dem Spiegel gestanden und hast gedacht: „Mit dieser Haaren gehe ich heute auf gar keinen Fall aus dem Haus!"? Der sogenannte „Bad Hair Day", wir kennen ihn doch alle. Aber damit ist jetzt Schluss! In diesem Buch zeige ich dir 15 ganz unterschiedliche Frisuren. Schnelle easy-peasy Looks für den Alltag, Traumfrisuren zum Selbermachen, sowie etwas aufwändigere Styles, die mithilfe deiner besten Freundin ganz einfach nachzumachen sind. Mit leichten Schritt-für-Schritt-Anleitungen und tollen Bildern! Lust auf einen neuen Look? Dann zeige ich dir hier, wie du dich mithilfe verschiedener Frisuren ganz einfach von einer Elfe in einen Rockstar verwandeln kannst. Je nach Tagesform, Lust und Laune. So viele Facetten stecken in dir – auf geht's!

Ich wünsche dir viel Spaß beim Umstylen und Neuerfinden!

Adriana, 18, Rotschopf

Steckbrief:

Kann ich immer hören: Lana del Rey

Kann ich immer essen: Sushi

Geht gar nicht: Unachtsamkeit

Könnte ich 24/7: Singen

Ausgleich zum Abi: Ballett tanzen, Klavier spielen

Brauche ich regelmäßig: Schokolade!

Berufswunsch: Sängerin (Pop)

Haar-Horror: Ich sage nur RUNDBÜRSTE

Redaktionsstatement: Respekt! Direkt vom Mathe-Abi
ins Fotostudio und dann diese Performance!

FRAU ANTJE

Holländischer Zopf

MIN 5 · **BFF**

Das brauchst du: Bürste, Stielkamm, Haargummi, Haarspray

Frisur für halblanges bis langes Haar, glatt oder lockig, mit oder ohne Pony. Bei stufigem Haar nicht geeignet. Fingerfertige können das solo!

1 Bürste deine Haare sorgfältig nach hinten. Teile oberhalb der Stirn mittig drei Passés ab.

2 Führe nun eine der äußeren Passés unter der mittleren hindurch.

3 Mache dasselbe mit der anderen Seite. Nun nimmst du bei jedem weiteren Flechtvorgang eine Strähne von der Seite mit dazu. Achte darauf, dass die seitlichen Strähnen gleichmäßig abgeteilt sind. Zur Not nimmst du deinen Stielkamm zu Hilfe.

4 Die äußeren Passés immer unter dem mittleren Strang hindurch flechten. So entsteht der erhabene Zopf. Wenn du im Nacken angekommen bist, flichtst du den Zopf gleichmäßig weiter bis zu den Haarenden und bindest ihn mit einem kleinen Haargummi in deiner Haarfarbe ab.

5 Bei Bedarf kannst du das Geflochtene auch vorsichtig etwas auseinander ziehen, das macht den Zopf etwas voluminöser.

ELFE

getwisteter Wasserfall

Das brauchst du: Bürste, Stielkamm, Haargummi oder Haarspange, Haarwachs, Haarspray, evtl. Lockenstab
BFF-Frisur für mittellanges bis langes Haar. Geht auch mit Pony,
ideal bei glattem Haar.

1 Bürste deine Haare sorgfältig durch, um Knötchenbildung zu vermeiden. Wenn du einen kurzen oder längeren Pony hast, lasse diesen vorne heraus.

2 Nimm auf einer Seite vorne eine größere Strähne und teile diese in zwei gleich große Passés. Zwirble, also „twiste", die rechte Strähne und lege sie über die linke getwistete Strähne.

3 Nun holst du von oben eine separate, gleich dicke Strähne und führst sie zwischen den beiden getwisteten Passés hindurch. Die Enden einfach hängen lassen.

... weiter geht es auf Seite 10

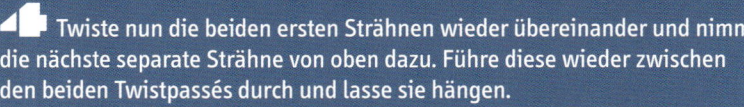 Twiste nun die beiden ersten Strähnen wieder übereinander und nimm die nächste separate Strähne von oben dazu. Führe diese wieder zwischen den beiden Twistpassés durch und lasse sie hängen.

5 Mach so weiter, bis du am Hinterkopf angekommen bist. Twiste nur eine Seite im Wasserfall-Look. Die restlichen Haare kannst du glatt hängen lassen (glätten!) oder mit dem Lockenstab schöne Locken drehen.

6 Variante: Wenn du einen Mittelscheitel trägst, kannst du die andere Seite genauso bearbeiten und die Haarenden am Hinterkopf mit den Enden der anderen Seite zusammenbinden.

TIPP

Wenn die einzelnen Strähnen abstehen, nimmst du einfach etwas Haarwachs und verreibst es zwischen deinen Handflächen. Nun kannst du das Haarwachs beim Twisten in die Strähnen verteilen und so die störrischen Härchen bändigen.

LA BOMBA

60ies Beehive (SOLO)

Das brauchst du: Toupierbürste oder Stielkamm, Haarklammern, Haarband, Haarspray
Geht mit jedem Schnitt, solange die Haare mindestens schulterlang sind.

1 Teile die Haare auf dem höchsten Punkt des Oberkopfes von Ohr zu Ohr ab und stecke die vordere Partie temporär mit Haarclips zur Seite.

2 Teile nun die restlichen Haare waagerecht in einzelne Passés ab. Diese toupierst du sorgfältig, indem du die Haare am Ansatz mit der Bürste oder dem Kamm zusammenschiebst.

3 Mache nun Strähne für Strähne weiter bis zur Mitte des Hinterkopfes. Sprühe die toupierten Haare von unten sorgfältig mit Haarspray an.

4 Bürste nun die Haare vorsichtig nach hinten. Achte darauf, dass das Volumen erhalten bleibt, die Oberfläche jedoch wieder glatt ist.

5 Nimm die Haare in der Mitte des Hinterkopfs zusammen und drehe sie leicht ein. Mit Haarklammen gut feststecken.

6 Nimm ein Haarband und lege es auf den Scheitel zwischen dem toupierten und dem vorher abgeteilten Haar. Führe es nach hinten und befestige es unter den restlichen Haaren. Für einen besseren Halt mit Haarklammern feststecken.

7 Führe nun die Haare der vorderen Partie seitlich nach hinten. Verdecke so das Haarband an der Seite. Mit Haarnadeln fixieren.

TIPP

Mach dir einen auffälligen Lidstrich, das unterstreicht die Nostalgie-Note.

EASY & EDEL

Blütendutt SOLO

Das brauchst du: Bürste, Haargummi, Haarklammern, Haarspray, evtl. Glätteisen
Solo-Frisur für langes Haar ohne Stufen.

1 Bürste deine Haare straff nach hinten und binde sie mit einem Haargummi eng am Kopf ab.

2 Wickle eine dünne Haarsträhne um das Zopfgummi und stecke sie mit kleinen Haarklammern fest, damit man das Gummi nicht mehr sieht.

3 Nimm nun ein Glätteisen und drehe Strähne für Strähne in große Locken. Hierfür teilst du zunächst die einzelnen Passés ab. Setze nun das Glätteisen oben an und drehe es um 180°.

4 Dann ziehst du das Glätteisen langsam nach unten bis zu den Haarenden. So entstehen schöne große Locken. Nimm nun die einzelnen gelockten Passés und schlage sie so lange um

deine Finger, bis eine schöne Schlaufe entsteht.

5 Stecke diese Schlaufe nun mit Haarklammern am Kopf fest. Damit nichts herausrutscht, steckst du die Kammern am besten über Kreuz.

6 Mache nun genau so mit allen anderen Passés weiter und stecke sie in Blütenform rund um das Haargummi fest. Achte darauf, dass alle Strähnen gleich breit sind. Für mehr Volumen kannst du die einzelnen Passés vor dem Eindrehen auch leicht toupieren. Mit Haarspray gut fixieren.

ALLE 8 - TUNG !

 BFF SOLO

seitlicher Zopf aus Achtern

Das brauchst du: Bürste, Haargummi, Haarspray

Bei stufigem Haar nicht geeignet, mit etwas Training solo machbar.

1 Bürste deine Haare sorgfältig, damit keine Knötchen entstehen. Bürste sie dann auf eine Seite.

2 Teile die Haare im Nacken in zwei gleichmäßige Stränge. Nimm nun vom rechten Strang ganz außen eine schmale Strähne und lege sie über den restlichen Strang.

3 Dann führst du diese Strähne unter dem linken Strang hindurch und von außen wieder darüber.

4 Unter den rechten Strang führen und vom rechten Strang eine weitere dünne Strähne von außen mit dazu nehmen.

5 Führe diese Strähne über den rechten Strang, unter dem linken durch und von außen über den linken Strang.

6 Lege die Strähne unter dem rechten Strang entlang außen an. Flicht immer vom rechten Strang aus bis zu den Haarenden. Achte darauf, dass die seitlichen Strähnen schmal sind. Ziehe die Strähnen eng an, sodass der Achter-Effekt entsteht.

7 Binde die Haarenden mit einem Haargummi zusammen. Für einen eher ungemachten Look ziehst du den Zopf seitlich an mehreren Stellen etwas auseinander. Mit Haarspray fixieren.

TIPP
Wenn du einen Seitenscheitel trägst,
flichtst du den Zopf auf der gegenüberlie-
genden Seite.

Nina, 15, brünett

Steckbrief:

Lieblingsfilm: Das Schicksal ist ein mieser Verräter

Immer dabei: Handy

Geht gar nicht: Suppe

Mein einziges, allergrößtes Hobby:

mit Freunden treffen (gerne öfter & länger)

Lieblingsessen: Pizza ☺

Alter: 15

Will ich mal werden: Einfach nur glücklich

Peinlichster Haarunfall: bislang zero – toitoitoi!

Redaktionsstatement: Aber hallo! Vom Romantik-Röschen zum
Glamrockstar in 5 Sekunden!

IRO-GLAM

(BFF)

Must-have für Partyqueens

Das brauchst du: Bürste, Haarklammern, Haarnadeln, Haarspray, evtl. Lockenstab
Super für Naturlocken. Auch bei stufigem Haar gut geeignet!

1 Neige den Kopf auf eine Seite und bürste deine Haare seitlich nach oben.

2 Etwas oberhalb der Schläfe nimmst du nun Haarklammern und befestigst diese nach und nach in einer geraden Linie der Kopfform entlang bis in den Nacken.

3 Die letzte Klammer im Nacken entgegengesetzt stecken, damit nichts rausrutscht.

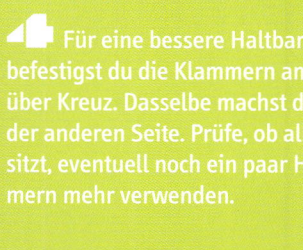

4 Für eine bessere Haltbarkeit befestigst du die Klammern am besten über Kreuz. Dasselbe machst du nun mit der anderen Seite. Prüfe, ob alles fest sitzt, eventuell noch ein paar Haarklammern mehr verwenden.

5 Toupiere nun alle Haare leicht an und stecke sie mit Haarnadeln gleichmäßig direkt unter den seitlichen Haarklammern fest.

6 Mit Haarspray bombenfest fixieren.

TIPP
Glattes Haar Strähne für Strähne mit dem Lockenstab kringeln, dann leicht toupieren und feststecken.

EN VOGUE

Drei tiefe Nackenknoten

Das brauchst du: Bürste, 3 Haargummis, Haarklammern, Haarspray
Frisur für dickes, langes Haar, glatt oder lockig, mit oder ohne Pony.

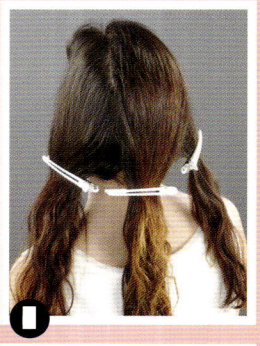

1 Bürste deine Haare sorgfältig nach hinten. Teile sie nun vom Oberkopf aus senkrecht in drei gleichmäßige Stränge.

2 Binde die Passés nacheinander mit einem Haargummi im Nacken zusammen, erst rechts, dann links, erst zum Schluss in der Mitte. Denn so kannst du die Scheitel der beiden äußeren Passés prima verdecken.

3 Beginne mit einer der äußeren Strähnen und twiste sie locker.

4 Dann steckst du sie um das Haargummi herum mit Haarklammern fest.

5 Verarbeite nun die andere seitliche Strähne auf dieselbe Weise. Vollende die Frisur, indem du den mittleren Strang auf dieselbe Weise feststeckst. Mit Haarspray gut fixieren und nach Lust und Laune mit buntem oder glitzerndem Haarschmuck veredeln.

TIPP
Variante: Flechten statt twisten – und davor die Strähnen toupieren.

SCHNUCKI

Haar-Band SOLO

Das brauchst du: Bürste, 2 Haargummis in deiner Haarfarbe, Haarklammern, Haarspray
Geht auch bei stufigem oder halblangem Haar.

1 Bürste deine Haare nach hinten. Teile hinter dem Ohr auf einer Seite eine zwei bis drei Zentimeter breite Strähne ab.

2 Flicht daraus einen Zopf und binde ihn an den Haarenden mit einem kleinen Haargummi in deiner Haarfarbe ab.

3 Ziehe das Zöpfchen nun an mehreren Stellen seitlich auseinander. So wird es noch fülliger.

4 Mache dasselbe mit einer Strähne auf der anderen Seite. Nimm nun eines der Zöpfchen und lege es seitlich über den Kopf auf die andere Seite. Befestige es dort mit Haarklammern hinter dem Ohr.

5 Lege den anderen Zopf ebenfalls über den Kopf auf die andere Seite. Fixiere ihn dort mit Haarklammern. Lege die beiden Zöpfchen nebeneinander, damit das Haarband breiter wird. Achte darauf, dass die Haarenden gut versteckt sind. Mit Haarspray fixieren.

TIPP
Du kannst die beiden Strähnen auch twisten. Ziehe sie vorsichtig etwas auseinander und stecke sie mit Haarklammern fest.

LADYLIKE

die French-Twist-Banane

Das brauchst du: Bürste, Haargummi klein, Haarklammern, Haarnadeln, Haarspray
BFF-Frisur für halblanges bis langes, glattes oder lockiges Haar, ohne Stufen.

1 Bürste deine Haare sorgfältig seitlich nach hinten. Am Hinterkopf bürstest du sie waagerecht über die Mitte des Hinterkopfs hinweg.

2 Sprühe die Haare mit etwas Haarspray ein und glätte sie mit der Handfläche. Halte die Haare mit einer Hand seitlich fest.

3 Mit der anderen Hand nimmst du nun Haarklammern und befestigst diese senkrecht vom Nacken nach oben, am besten über Kreuz.

4 Die letzte Klammer schiebst du von oben nach unten hinein, damit oben keine Haare rausfallen können.

5 Nun bürstest du die restlichen Haare vorsichtig und nimmst sie mit der Hand an den Haarenden zusammen.

6 Schlage die Haare nun seitlich über den senkrechten Haarklammern zu einer Banane ein. Wenn deine Haare zu lang sind, bindest du sie auf der Hälfte mit einem kleinen Haargummi zusammen und schlägst die Haarenden ein, so kann nichts herausrutschen. Halte die eingeschlagene Banane mit einer Hand fest.

7 Mit der anderen Hand nimmst du nun Haarklammern oder Haarnadeln und steckst die Banane von innen fest. Am besten fixierst du die Haarnadeln unter den senkrechten Haarklammern, so hält sie sicher.

TIPP

Für eine weichere Kontur am Gesicht kannst du vorne ein paar Strähnen heraus lassen. Wenn du magst, ziehe sie über den Lockenstab und zupfe die Lockensträhnen dann vorsichtig auseinander. Diese Frisur lebt vom sogenannten „Undone-Look". Das heißt, sie kann ruhig etwas „ungemacht" aussehen.

LANDLIEBE

Kranz im Countrystyle

Das brauchst du: Bürste, kleines Haargummi in deiner Haarfarbe, Haarband mit Gummizug, Haarklammern, Haarspray

Geht immer!

MIN 5 · SOLO

1 Bürste deine Haare sorgfältig, damit keine Knötchen entstehen. Wenn du feine Haare hast, kannst du sie am Oberkopf partienweise antoupieren. von hinten mit Haarspray einsprühen und wieder vorsichtig nach hinten bürsten. Achte darauf, dass das Volumen erhalten bleibt, die Oberfläche jedoch glatt gebürstet ist.

2 Lege das Haarband über den Kopf. Am Hinterkopf sollte es im Nacken anliegen

3 Überlege am besten vorher, wo es sitzen soll, denn es kann nicht mehr umplatziert werden. Fixiere das Haarband seitlich mit Haarklammern.

4 Nimm die Haare im Nacken locker zusammen und binde sie an den Haarenden mit einem kleinen Haargummi in deiner Haarfarbe zusammen.

5 Schlinge nun die Enden mit dem Haargummi vorsichtig von oben durch das Haarband. Befestige sie von unten mit Haarklammern.

6 Schlage nun seitlich die übrigen Haare über dem Haarband ein und fixiere sie mit Haarklammern. Mit Haarspray gut einsprühen.

Vanessa, 21, 100% blond

Steckbrief:

Lieblingsfilme: alles, in dem es ums Tanzen geht

Hobbys: Tanzen & Fitness, mein kleiner Hundi Lenox

Lieblingsessen: selbstgemachte Himbeer-Limetten-Marmelade (die geht immer!)

Mein peinlichster Haarunfall: Oh mein Gott! Eine hellbraune Tönung! Erster Versuch: Roter Ansatz, braune Längen und blonde Spitzen. Der Frisör hat also sofort ein zweites Mal getönt. Das Ergebnis: pechschwarzes Haar und ein roter Ansatz! Es hat fast ein Jahr gedauert, bis der Haarhorror wieder rausgewachsen war.

Was ich mal werden möchte: Make-up Artist

Redaktionsstatement: Wie kann ein Mensch nur so fröhlich sein? Sonne pur!

BOHÈME

SOLO *tiefer Chignon*

Das brauchst du: Bürste, Haarpuder, Haarspray, Haargummi groß, 3 kleine Haargummis, Haarnadeln, evtl. einen Twister Gut geeignet für mittellanges bis langes Haar, glatt oder lockig. Nicht geeignet für Schnitte mit Pony oder Stufen.

1 Bürste deine Haare zunächst gut durch.

2 Gib dann etwas Haarpuder in deine Handflächen und arbeite diesen in deine Haare ein, damit sie mehr Stand und Griffigkeit bekommen. Wenn du keinen Haarpuder hast, kannst du auch etwas Haarspray verwenden.

3 Nimm deine Haare nach hinten zusammen und binde sie locker im Nacken mit einem Haargummi ab. Der Abbund sollte nicht zu straff sein.

4 Teile nun die Haare oberhalb des Haargummis in der Mitte und ziehe sie etwas auseinander. Nun schlägst du den Haarstrang einmal locker durch diese Öffnung. Als Hilfsmittel kannst du auch einen „Twister" verwenden (siehe Umschlagklappe).

5 Die Haare hängen nun unten heraus. Nimm einzelne Haarsträhnen und flicht daraus kleine Zöpfchen. Binde diese jeweils mit einem kleinen Haargummi in deiner Haarfarbe ab. Lasse seitlich jeweils ein Passé frei.

6 Schlage nun deine Haare in die Öffnung ein und fixiere sie im Nacken mit Haarklammern.

7 Zum Schluss nimmst du die seitlichen Passés und führst sie in der Öffnung zusammen. Mit Haarklammern feststecken und mit Haarspray gut fixieren.

MATROSIN

Dutt mit Band

SOLO · MIN 5

Das brauchst du: Bürste oder Kamm, großes Haargummi, kleines Haargummi in deiner Haarfarbe, Haarklammern, farbiges Band, Haarspray, Haarwachs, evtl. Schere
Gut geeignet für mittellanges bis langes Haar, glatt oder lockig, mit oder ohne Pony.
Nicht geeignet bei stufigem Haar.

1 Bürste zunächst deine Haare sorgfältig durch. Danach am besten über Kopf die gesamten Haare am höchsten Punkt des Oberkopfs zu einem Pferdeschwanz abbinden.

2 Nimm jetzt etwas Haarwachs oder Haarspray und lege die herausstehenden Haare glatt am Kopf an.

3 Nimm ein Stoffband (es geht auch ein Geschenkband, 3–4 cm breit) in deiner Lieblingsfarbe. Nimm das Band in der Mitte zusammen, binde es einmal um das Zopfgummi und verknote es. Beide Teile des Haarbands sollten nun in etwa gleich lang sein, wie dein Pferdeschwanz. Eventuell musst du die Bandenden kürzen.

4 Teile den Pferdeschwanz in drei gleiche Teile; diese nennt man „Passés".

5 Lege nun jeweils eines der Bänder zu den beiden äußeren Passés. Jetzt flichtst du mit den drei Passés einen lockeren Zopf. Binde diesen an den Spitzen mit einem kleinen Haargummi in deiner Haarfarbe ab.

6 Nun wickelst du deinen Zopf gleichmäßig um das Zopfgummi und befestigst ihn mit Haarklammern, sodass die Haarspitzen versteckt sind.

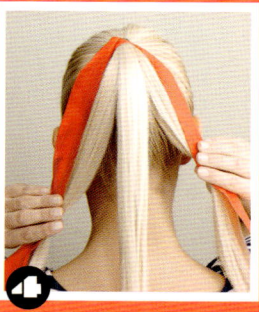

MEIN HERZ

Geflochtenes für Dirndlmäuse

Das brauchst du: Stielkamm, Bürste, 2 kleine Haargummis, eine Spange oder Haargummi,
evtl. kleine Schleife, Haarspray
Gut geeignet für mittellanges bis langes Haar ohne Pony.
Nicht geeignet bei stufigem Haar.

1 Nimm einen Stielkamm und ziehe sorgfältig einen Mittelscheitel, etwa bis zum Wirbelpunkt am Hinterkopf.

2 Bürste nun deine Haare gründlich durch, damit keine Knötchen entstehen.

3 Beginne auf einer Seite am Wirbelpunkt, einen „Holländischen Zopf" zu flechten. Hierbei flicht man die äußere Strähne nicht über die mittlere, wie beim herkömmlichen Flechten, sondern führt sie jeweils darunter. So entsteht am Ende ein plastischer Zopf.

4 Nimm bei jedem Flechtvorgang einen dünnen Haarstrang von der Scheitelseite mit dazu.

1

2

3

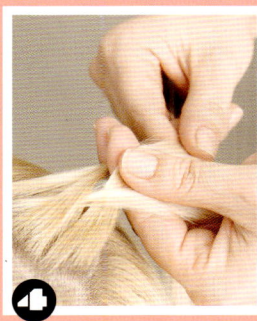

4

... weiter geht es auf Seite 38

5 Flicht in Form eines „V"s, bis du etwas oberhalb der Schläfen vorne an der Stirn angekommen bist.

6 Flicht den Zopf weiter bis zu den Haarspitzen, ohne jedoch weitere Strähnen von der Seite mit dazu zu nehmen und binde ihn mit einem kleinen Haargummi an den Haarenden zusammen.

7 Verfahre auf der anderen Seite des Scheitels ebenso, und flicht symmetrisch den zweiten Schenkel des „V"s spiegelverkehrt.

8 Wenn der zweite Zopf an den Enden abgebunden ist, bürstest du die restlichen Haare nach hinten und bindest sie, zusammen mit einem der beiden Zöpfe, im Nacken zusammen. Den zweiten Zopf kannst du nun ebenfalls nach hinten nehmen und mit ihm den Zopfgummi im Nacken umwickeln. Unter dem Abbund im Nacken unsichtbar mit Haarklammern feststecken.

9 Alternativ kannst du die restlichen Haare auch offen lassen und die beiden Zöpfe etwa in der Mitte des Hinterkopfes mit einem Haargummi und einer kleinen Schleife zusammenbinden. Fixiere die Frisur nun mit etwas Haarspray.

TIPP
Lockenpracht: Hitzeschutzspray
rein, Strähnen abteilen und nach
und nach mit dem Lockenstab be-
arbeiten.

TIPP

Seitlich: Befestige die senkrechten Haarklammen nicht ganz in der Mitte des Hinterkopfs. So kannst du Haarenden über die Schulter fallen lassen. Wenn du willst, drehst du sie in schöne Locken ein.

1/2 BANANE

...auch seitlich apart (BFF)

Das brauchst du: Toupier-Bürste oder Stielkamm, Haarnadeln, Haarspray
Geht auch schon bei mittellangem Haar – auch für Pony-Girls!

1 Nimm eine Toupier-Bürste oder einen Stielkamm und teile am Oberkopf nach und nach waagerechte Strähnen ab. Diese toupierst du so, dass du die Haare mit der Bürste oder dem Kamm nach unten zum Haaransatz schiebst, so dass kleine „Haarnester" entstehen.

2 Mache nun partienweise weiter bis zur Mitte des Hinterkopfs. Dann bürstest du alle Haare vorsichtig wieder nach hinten. Achte darauf, dass der Hinterkopf ein tolles Volumen hat, die Oberfläche der Haare jedoch glatt ist.

3 Streiche die Haare auf einer Seite mit der Handfläche bis etwa zur Mitte des Hinterkopfs und halte sie dort fest.

4 Nun nimmst du mit der anderen Hand Haarklammern und befestigst diese senkrecht über Kreuz vom Nacken aus nach oben. Die letzte Haarnadel wird von oben nach unten eingeschoben, damit oben keine Haare rausfallen

5 Mit Haarspray fixieren. Nun schlägst du die Haare in die andere Richtung zu einer Banane ein.

6 Befestige sie mit Haarnadeln Die restlichen Haare fallen über den Rücken. Fixiere nun die fertige Frisur gut mit Haarspray.

GESCHENKT!

süße Schleife

Das brauchst du: Bürste, Haargummi, Haarspray, Haarklammern
Gut geeignet für mittellanges bis langes, glattes Haar. Bei stufigen Haaren ist diese Frisur nicht so gut geeignet.

1 Mit dieser Frisur bist du mit Sicherheit der Hingucker bei der nächsten Party! Bürste die Haare am besten über Kopf am höchsten Punkt des Oberkopfs zusammen. Binde sie nun mit einem Haargummi ab.

2 Bevor du den Gummi zum letzten Mal herumschlingst, legst du die Haare in eine etwas größere Schlaufe und fixierst sie mit dem Haargummi.

3 Die Haarenden müssen in der Mitte des Kopfes nach vorne fallen. Wenn dich die Haarsträhne stört, fixiere sie mit einem Haarclip seitlich am Kopf.

4 Nun teilst du die Haarschlaufe gleichmäßig in der Mitte und drückst die beiden Seiten etwas nach außen. Wenn sie nicht halten, befestige sie temporär mit Haarclips.

... weiter geht es auf Seite 44

5 Nimm nun die komplette Haarsträhne von vorne und führe sie zwischen den beiden Schlaufen nach hinten. Befestige sie direkt unterhalb des Haargummis mit zwei Haarklammern (eine von rechts und eine von links, so fällt nichts heraus).

6 Stecke nun die Haarenden unterhalb der Schleife fest, sodass der Haargummi versteckt ist oder schlage sie nach vorn, sollten die Enden kurz sein.

7 Wickle die Enden gegebenenfalls unter der Schleife um den Abbund. Bei Bedarf kannst du nun die fertige Schleife noch etwas korrigieren und abschließend mit Haarspray fixieren.

TIPP

Für diese Frisur ist es am besten, wenn du deine Haar nicht am selben Tag frisch wäschst. Sie sind sonst zu weich und die Schleife fällt vielleicht zusammen. Sollte dies trotzdem passieren, nimm einfach etwas mehr Haarspray und stabilisiere so die Schlaufen. Alternativ kannst du sie auch mit kleinen Haarklammern unsichtbar am Kopf fixieren. Am besten steckst du die Haarklammern dann unter dem Zopfgummi fest.

TOPP 5682
ISBN 978-3-7724-5682-4

TOPP 4173
ISBN 978-3-7724-4173-8

TOPP 6959
ISBN 978-3-7724-6959-6

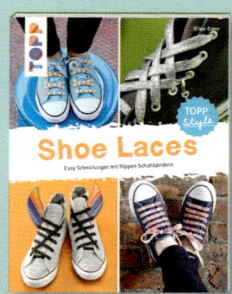

TOPP 4191
ISBN 978-3-7724-4191-2

TOPP 4168
ISBN 978-3-7724-4168-4

TOPP 7529
ISBN 978-3-7724-7529-0

TOPP 7525
ISBN 978-3-7724-7525-2

TOPP 8002
ISBN 978-3-7724-8002-7

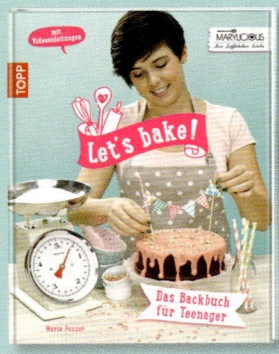

TOPP 8003
ISBN 978-3-7724-8003-4

TOPP 7549
ISBN 978-3-7724-7549-8

Nach einer kaufmännischen Fremdsprachenausbildung und mehreren Jahren Bürotätigkeit hat **Jutta Diekmann** im Jahre 1999 eine Ausbildung zur Visagistin absolviert. Es folgten zahlreiche Weiterbildungen zum Make-up Artist, speziell im Bereich Langhaarfrisuren. Seit 2002 betreibt Jutta Diekmann sehr erfolgreich ein eigenes Studio für Make-up, Kosmetik und Hairstyling in Ludwigsburg. Seitdem arbeiten sie und ihr Team auch in den Bereichen Fotoshootings, Events, Laufsteg und Fernsehmaske. Im Privatkundenbereich hat sich das Team auf Hochzeitsstylings und Schminkkurse spezialisiert. 2005 gründete sie die Visagistenschule „Diekmann Face Art Academy", an der jeder Interessierte Kurse in den Bereichen Make-up und Hairstyling belegen kann. Nähere Infos unter www.diekmann-faceart.de

DANKE!
Wir danken der Firma Basler Haarkosmetik für die freundliche Unterstützung mit Materialien.

Der Dank der Redaktion geht an die tollen Models Adriana, Nina und Vanessa: Das war ein super Shooting!

KREATIV-HOTLINE

Hilfestellung zu allen Fragen, die Materialien und Bastelbücher betreffen:
Frau Erika Noll berät Sie. Rufen Sie an oder schreiben Sie eine E-Mail!
Telefon: 0 50 52 / 91 18 58*   **E-Mail: mail@kreativ-service.info**
*normale Telefongebühren

IMPRESSUM

FOTOS: frechverlag GmbH, 70499 Stuttgart, lichtpunkt, Michael Ruder, Stuttgart
PRODUKTMANAGEMENT, KONZEPTION UND LEKTORAT: Anja Detzel
LAYOUT, UMSCHLAGGESTALTUNG UND HERSTELLUNG: Julia Fink
DRUCK UND BINDUNG: Finidr s.r.o., Tschechische Republik

1. Auflage 2015

© 2015 **frechverlag** GmbH, 70499 Stuttgart

ISBN 978-3-7724-4192-9 • Best.-Nr. 4192